JUNIOR REGNBUE

FARVER AF ØGLER

INTRODUKTION AF FARVER TIL UNGE SIND

AF RAINBOW ROY

FARVER AF ØGLER

(MED SALAMANDRE)

INTRODUKTION AF FARVER TIL UNGE SIND

AF RAINBOW ROY

Regnbuen er
fyldt med alle
slags farver.

Sammen vil vi udforske farver og også lære om firben og deres salamanderfætre.

RØD

Rød, som den røde salamander.

ORANGE

Orange, som Leopard Gecko.

GUL

Gul, som den gyldne tegu.

GRØN

Grøn, som en kamæleon.

BLÅ

Blå, som tungen
på den
blåtungeskind.

INDIGO

Indigo, ligesom Sailfin Lizard.

LILLA

Lilla, som den nordvestlige Salamander.

Lad os nu se på nogle andre farver uden for regnbuen!

LYSERØD

Pink, som denne vilde afrikanske firben.

BRUN

Brun, som en brun basilisk.

HVID

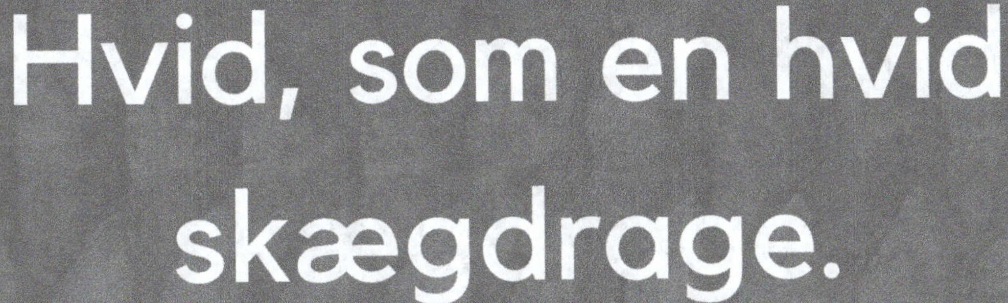

Hvid, som en hvid
skægdrage.

SORT

Sort, som en Black Tree Monitor.

GRÅ

Grå, som en almindelig vægøgle.

Lad os nu se,
hvad du har
lært!

Hvilken farve er hagen på denne firben?

Firbenets hage er orange.

Hvilken farve er dette firben?

Denne firben er gul.

Hvilken farve er dette firben?

Denne firben er

grøn.

Du er så klog! Bliv altid ved med at lære, og glem aldrig din kærlighed til at lære.

www.ingramcontent.com/pod-product-compliance
Lightning Source LLC
Chambersburg PA
CBHW081404160726
48000CB00010B/3472